Das kreative Filzbuch

Marlies Busch

Landwirtschaftsverlag GmbH

Inhalt

Filz ist Kult(ur)

Filz – eine uralte, traditionsreiche Handwerkskunst, wurde in den letzten Jahren neu belebt. In frischer, lebendiger Form zeigt dieses Buch die Herstellung zeitgemäßer Geschenke. Die Kunst des Filzens ist sowohl für Kinder als auch für Erwachsene ein großer Spaß und wenn man einige wenige Regeln beachtet, ist es gar nicht schwer.
Alle hier abgebildeten Objekte sind einfach nachzuarbeiten und erfordern weder großes Geschick noch viel Geduld oder gar großes handwerkliches Können.
Also, lassen Sie sich überraschen von dem angenehmen Umgang mit Wolle und Seifenlauge und filzen Sie schnell noch Ihr individuelles Geschenk!

Die Grundtechniken des Filzens

MATERIAL

- **kardierte Wolle in verschiedenen Farben**
- **kardierte Wolle in Rohweiß**
- **Schmier-, Kern- oder Olivenseife**
- **Gemüsehobel oder Käsereibe**
- **Topf**
- **Schüssel mit warmem Wasser**
- **Schneebesen**
- **einen wassersicheren Arbeitsplatz**
- **Essig**
- **Noppenfolie oder Moosgummi (optimal: Antirutschfolie von Ikea)**
- **Schere**
- **Kugelschreiber**
- **Frotteehandtuch**
- **Spülbürste oder Wäschesprenger**
- **Waschbrett**
- **Stahlbürste**

1

Drei Dinge sind für den Filzprozess notwendig:

- Wasser: Die Feuchtigkeit sollte möglichst sparsam verwendet werden.
- Hitze: Das Wasser sollte so warm wie möglich sein (ca. 60 °C), für Kinder etwas kühler.
- Bewegung: Durch Reibung oder Druck verhaken sich die Wollfasern ineinander und es entsteht ein fester Stoff.

2

Die nordische Filztechnik nennt man Reibetechnik und sie eignet sich hervorragend für das dreidimensionale Filzen. Dazu werden kleine Wollflocken der kardierten Wolle auf einer Noppenfolie-/Moosgummischablone wie Dachziegel übereinander gelegt. Die zweite Lage wird über Kreuz zur ersten gelegt. Es sollten immer mindestens zwei Lagen Wolle sein, bei dickerem Filz auch mehrere. (siehe S. 48) Der Farbaufbau beim Filzen kann auf zwei Arten

3

geschehen: positiv, d.h. alles später Sichtbare wird als letzte Schicht aufgelegt oder negativ, d.h. alles später Sichtbare wird zuerst gelegt, darüber die Schmuckfarbe, dann die Grundfarbe. Später wird das Stück gewendet.

4

Für die Lauge Schmierseife oder in Flocken geschabte Kernseife in heißem Wasser (60 °C) auflösen. Die Seifenmenge hängt vom Härtegrad des Wassers ab. Es sollte eine weiche Seifenlauge entstehen. Die Wolle mit der in Lauge getauchten Spülbürste oder mit dem Wäschesprenger befeuchten.

5

Nun mit den Handflächen ganz vorsichtig über die Wollfasern reiben. Bleibt die Wolle an den Händen kleben, mehr Seifenlauge zugeben. Vorsicht: Die Wolle darf nicht „schwimmen". Mit der Zeit immer kräftiger reiben, bis sich die Wollfasern ineinander verhakt haben. Die Wolle sollte sich nicht verschieben und es dürfen keine Löcher entstehen.

6

Wenn sich die Wolle gut verbunden hat und sich bei der Zupfprobe keine Fasern lösen, das Filzstück auf einem Waschbrett kräftig rubbeln. Das nennt man Walken und das Filzstück schrumpft nun bis zu 30 Prozent. Das ist wichtig, wenn ein Kleidungsstück (Schuh, Handschuh oder Hut) gefilzt wird. Steht kein Waschbrett zur Verfügung, kann auch auf einer Noppenfolie oder genoppten Automatte gewalkt werden.

7

Das Filzstück ist fertig und wird nun in klarem Wasser gespült. Ins letzte Spülwasser kann ein Schuss Essig gegeben werden, so werden die Farben kräftiger und der Filz weicher. Der getrocknete Filz kann durch Bügeln mit einem feuchten Tuch ein wenig geglättet werden, die Form wird dadurch noch fixiert.

Hilfe in der Not

Neben warmem Wasser Grundausstattung zum Filzen: Wolle, Seife, eine Reibe und Schablonen

MATERIAL

- **Schere**
- **Nagelbürste oder Zahnbürste zum Aufrauen**
- **kleine Stahlbürste**
- **Vorfilz (also bereits gefilzte Reste)**
- **Plastikfolie**

Löcher: Können verhindert werden, indem man vor Beginn des Filzens die ausgelegte Wolle abtastet. Ein bereits entstandenes Loch kann mit dünnen, kreuz und quer gelegten Fasern verschlossen werden.
Lose Zungen: Können abgeschnitten werden. Die Partie vorsichtig mit einer Stahlbüste aufkratzen und die losen Fasern mit viel Seife wieder anfilzen. Sollte die Stelle dünn sein, die Zunge aufbürsten und einfilzen.
Ungleichmäßige Ränder: Können verhindert werden, indem man die Kanten in eine Plastikfolie einschlägt. Mit leichtem Druck und kreisenden Bewegungen, ohne die Folie zu verschieben, werden die Ränder festgefilzt.
Muster halten nicht auf dem Untergrund: Womöglich ist der Filz zu glatt, deshalb den Untergrund und unter Umständen auch das Musterstück mit einer Stahlbürste aufrauen und mit viel Seife anfilzen.

Einfache Bälle

MATERIAL

- **kardierte Wolle in Rohweiß**
- **kardierte Wolle in verschiedenen Rot-, Blau- und Lilatönen**
- **Seifenlauge**
- **Essigwasser**

TIPP

Das Innenleben der Bälle kann auch aus Pingpongbällen, Styroporkugeln, Überraschungseihüllen oder gerundeten Korken bestehen.

1 Die rohfarbene und die farbige Wolle zuerst mit noch trockenen Händen zu kleinen Flocken zupfen. Einen Strang rohfarbene Wolle in der Mitte verknoten und die beiden Enden um den Knoten zu einem kleinen Knäuel wickeln. Zum ersten Mal in die warme Seifenlauge tauchen.

2 Nach und nach die Schichten der rohfarbenen Wolle kreuz und quer um den Ball legen, wieder in die Seifenlauge tauchen und zart andrücken, nicht reiben. Hat der Ball die gewünschte Größe erreicht, bekommt er seine endgültige farbige Oberflächengestaltung.

3 Dazu die gewünschten Farben wieder kreuz und quer um den Ball wickeln und immer leicht mit Seifenlauge andrücken. Der Ball sollte nicht kalt werden, daher stetig warmes Wasser darüber schöpfen. Bisher wurde die Wolle nur gewickelt, doch nun beginnt der Filzprozess.

4 Damit sich die Wollfasern bis in den Kern hinein verbinden, wird der Ball immer fester gedrückt, zwischen den Handflächen gerollt und geknetet. Die Fasern werden durch den Druck verdichtet, der Ball schrumpft. Der Ball ist fertig, wenn er sich fest und glatt anfühlt.

5 Den fertigen Ball nun mit klarem Wasser ausspülen. Ein letzter Spülgang mit einem Schuss Essig gibt dem Ball mehr Glanz und der Farbe mehr Intensität. Anschließend den Ball nochmals in Form rollen und je nach Jahreszeit etwa ein bis zwei Tage trocknen lassen.

6 Die Balloberfläche ähnelt einer Mondlandschaft? Dann muss noch kraftvoll zum Inneren hin gefilzt werden. Die Fasern haben sich noch nicht ausreichend verbunden? Die farbigen Wollfasern „hängen" in der Luft? Behutsam eine weitere Schicht farbiger Wollflocken darüberfilzen.

Kugeln als Schmuck

MATERIAL

- **kardierte Wolle in den gewünschten Farben**
- **Seifenlauge**
- **Essigwasser**
- **Stopfwolle**
- **lange Nadel**

Viele kleine, bunte Kugeln die schnell und einfach in der Handfläche gerollt werden, ergeben auf einen Faden gezogen, eine hübsche Kette oder ein Armband. Besonders regelmäßig werden die Filzperlen, wenn man sie über kleine Karnevalspapierkugeln filzt. Wird die Kette dann noch mit kleinen Perlen oder Pailletten bestickt oder mit glänzenden Perlen aus Wachs oder Glas verziert, so wird aus einem einfachen Filzball ein richtiges Schmuckstück. Weitere Schmuckideen finden sich in diesem Buch auf den Seiten 44/45.

Interessantes Innenleben

Spielbälle, die nicht weh tun, keinen Lärm machen und dabei wunderschön sind

MATERIAL

- **Überraschungseihüllen**
- **getrocknete Hülsenfrüchte od. Glöckchen**
- **Strickwollreste**
- **Luftballons**
- **Sand und Trichter**
- **Styroporkugeln**

Die Überraschungseihüllen mit einem Glöckchen oder den getrockneten Hülsenfrüchten füllen und mit den Wollresten wie ein Wollknäuel umwickeln, bis der Ball rund ist. Dann mit der rohfarbenen Wolle weiterarbeiten wie in der Grundanleitung geschrieben. Jonglierbälle können einfach selber hergestellt werden, indem Luftballons durch einen Trichter mit Sand gefüllt werden und dann nach der Grundanleitung umfilzt werden. Für das Filzen größerer Bälle eignet sich auch eine Kugel aus Styropor als Unterbau, die dann ebenfalls nach der Grundanleitung umfilzt wird.

Schlangen und Spinnen

MATERIAL
- **kardierte Wolle in Gelb, Grün und Orange**
- **Bindedraht**
- **Zange**
- **pro Schlange ein Paar Wackelaugen**
- **Seifenlauge**
- **Textilkleber**
- **Essigwasser**

kleines Bild: gar nicht zum Fürchten, die Filzschlangen, mit denen sich herrlich spielen lässt

1 Den Bindedraht in der gewünschten Länge, ca. 40 cm, abschneiden und an einem Ende zu einer Schlaufe biegen, das wird der Schlangenkopf. Nun mit noch trockenen Händen die Wolle vorbereiten. Einige lange, dicke Stränge für den Körper und einige dünne Flocken in den gewünschten Farben für den Kopf zupfen.

2 Nun einen langen Strang halbiert um die Drahtschlaufe für den Kopf legen und in die Lauge tauchen. Dann mit einigen kleinen Flocken in der Querrichtung fixieren. Anschließend nochmals in der Längsrichtung arbeiten, bis der Draht vollständig bedeckt ist und die Schlange ihre gewünschte Dicke erreicht hat. Immer wieder mit kleinen Flocken in der anderen Richtung fixieren.

3 Den Kopf etwas dicker und dabei immer wieder kreuz und quer arbeiten. Wenn die Schlange mit einer zweiten Farbe verziert werden soll, dann ist das jetzt der richtige Zeitpunkt, bevor der Filz zu glatt ist, um sich mit einer zweiten Farbe zu verbinden.

4 Nun wird die Schlange anfänglich zart, wenn der Filzprozess beginnt, immer kräftiger zwischen den Händen gerollt und gedrückt. Wenn sich keine einzelnen Fasern mehr aus dem Filz ziehen lassen, ist die Schlange fertig. Nach dem Spülen mit Essigwasser und dem Trocknen können die Augen aufgeklebt werden.

Krake

MATERIAL
- **Wolle in Rohweiß**
- **Wolle in Krakenfarbe**
- **Seifenlauge**
- **Wackelaugen**
- **Klebstoff**
- **Essigwasser**

Für den Körper zuerst einen Ball mit dem Durchmesser von ca. 12 cm arbeiten, wie auf Seite 6/7 beschrieben. Anschließend mit trockenen Händen 9 ca. 60 cm lange Stränge der kardierten Wolle in der gewünschten Farbe und einige kleine Flocken bereitlegen. 8 dieser langen Stränge mittig über den Krakenkopf legen und mit dem 9. Strang unterhalb abbinden. Nun jeweils zwei Stränge zu einem Bein filzen, wobei die kleinen Flocken quergelegt werden. Die Krakenbeine nun wie die Schlange filzen. Nach dem Spülen und Trocknen die Wackelaugen aufkleben.

Spinnen sind eine prima Deko für Halloween, Karnevalsfeste und Kindergeburtstage

Spinne

MATERIAL

- **kardierte Wolle in Schwarz**
- **kardierte Wolle in Rohweiß**
- **Bindedraht**
- **Kneifzange**
- **Seifenlauge**
- **Wackelaugen**
- **Textilkleber**
- **Essigwasser**

Den Bindedraht in 4 ca. 40 cm lange Stücke schneiden und an beiden Enden mit der Zange zu einer kleinen Schlaufe biegen. Mit noch trockenen Händen die schwarze, kardierte Wolle zu einigen langen Strängen und vielen kleinen Flocken zupfen.

Nun einen langen Strang hälftig um die eine Seite der Drahtschlaufe legen und in die Seifenlauge tauchen. Mit einigen kleinen Flocken in der Querrichtung fixieren. Das erste Bein bedeckt etwa 1/3 der Drahtkonstruktion. Das zweite Bein auf der anderen Seite des Drahtes ebenso arbeiten.

Nun so lange drücken und rollen, bis der Filzprozess beginnt. Auf diese Art 4 Doppelbeine arbeiten. Der Körper besteht aus einem Ball (S. 6/7), dem kurz vor dem Filzprozess die Beine an der unteren Seite angefilzt werden. Nach dem Spülen und Trocknen werden noch die Wackelaugen angeklebt.

Nikolausmütze und andere Hüte

MATERIAL
- **kardierte Wolle in Rohweiß**
- **kardierte Wolle in Rot**
- **Seifenlauge**
- **Noppenfolie als Schablone (s. S. 48)**
- **Schere**
- **Kugelschreiber**
- **Essigwasser**

1 Die Schablone für die Nikolausmütze schneiden. Die Breite ist der Kopfumfang, zzgl. ca. 30 Prozent (Schrumpfung) und der gewünschten Länge zzgl. 30 Prozent und hat die Form eines langgezogenen Dreiecks. Als Unterlage dient ebenfalls Noppenfolie. Darauf die Schablone legen.

2 Nun mit trockenen Händen die rohweiße und die rote Wolle in Flocken zupfen. Zuerst die weiße Wolle sorgfältig dachziegelartig auf die eine Seite der Schablone legen (siehe S. 4/5). Eine zweite Schicht quer zur ersten und dann das Gleiche über mindestens zwei Lagen in Rot.

3 Jetzt die Wolle mit der heißen Seifenlauge begießen oder mit der Spülbürste besprengen. So wenig Wasser wie möglich verwenden. Die Wolle mit der flachen Hand niederdrücken und vorsichtig mit sehr kleinen kreisenden Bewegungen und sehr geringem Druck verbinden.

4 Nach einiger Zeit, wenn der Filz schon eine recht stabile Verbindung hat, wird die Schablone auf die andere Seite gewendet. Nun die überlappenden Ränder an der Schablone entlang einklappen und die Wolle der zweiten Hutseite auslegen wie die erste.

5 Nach dem Anfilzen die Schablone ab und zu in der Mütze drehen, damit keine deutliche Nahtstelle zu sehen ist. Nun die Mütze kräftig ohne Schablone auf der Noppenunterlage durchwalken, bis der Filzprozess einsetzt und die Mütze deutlich kleiner wird.

6 Wenn die Mütze fertig ist, durchspülen und trocknen lassen. Nun den unteren Teil umkrempeln, damit die weiße Seite nach außen schaut und einen kleinen gefilzten Ball in Weiß an die Spitze nähen.

Zaubererhut

MATERIAL
- **kardierte Wolle in der gewünschten Farbe**
- **Seifenlauge**
- **Schablone aus Noppenfolie**
- **Schere**

Der Zauberhut wird nach der Grundanleitung der Nikolausmütze gearbeitet, mit dem Unterschied, dass die Hutform etwas verändert ist. Dieser Hut ist lang und spitz und hat eine erweiterte Krempe. Der Zauberhut wird einfarbig gearbeitet und sollte aus mindestens vier Lagen Wolle bestehen. Da er sehr groß ist, wird er nach dem Anfilzen in ein Handtuch gerollt, in Form gezupft und mit dem Handtuch gewalkt. Die Spitzhüte sind auch nette Eierwärmer, wenn man sie in der entsprechenden Größe herstellt.

Tierische Eierwärmer

Jeder Eierwärmer ein Individuum – so macht das Sonntagmorgenfrühstück Spaß

MATERIAL

- **Wolle in Rohweiß**
- **Wolle in Rot, Pink, Gelb, Orange, Grün, Dunkelgrün, Blau und Lila**
- **Seifenlauge**
- **Noppenfolie oder Moosgummi**
- **Schere**

Für die tierischen Eierwärmer eine einfache Schablone aus Noppenfolie oder Moosgummi in der Seitenansicht des Tieres (bei Hase, Krokodil oder Maus) und die Vorderansicht (bei der Katze) aufmalen und zuschneiden.

Nun wie bei der Zipfelmütze zuerst eine Schicht in Rohweiß, dann in den gewünschten Farben filzen. Die Katze hat ein gestreiftes Fell, das Krokodil besteht aus zwei Grüntönen, dieser Hase ist orange, kann aber auch gelb oder weiß gearbeitet werden. Abschließend werden den Tierchen noch Schnauzen und Augen aufgestickt oder Glasaugen angenäht. Auch die Barthaare dürfen nicht fehlen. Beim Osterfrühstück sind das reizende Geschenke.

Hüllen in Hülle und Fülle

MATERIAL

- Kardierte Wolle in Apricot, Pink, Rost und Rosa
- Seifenlauge
- Plastikbecher (Joghurt)
- Schere
- Windlichtgläser mit Kerzen
- Essigwasser

1 Einfach und schnell ist das Filzen von Teelichthaltern. Zuerst mit noch trockenen Händen die Wolle in den gewünschten Farben in kleine Stränge und Flocken zupfen. Die Innenseite der Teelichter wird in einer anderen Farbe gearbeitet als die Außenseite.

2 Den Plastikbecher auf den Kopf stellen und nun eine Schicht der Stränge über Kreuz auf den Boden des Bechers legen. Mit etwas Seifenlauge „festkleben". Die nächste Schicht quer zur ersten leicht durch Reiben anfilzen.

3 Die Wolle der zweiten Farbe in gleicher Weise auflegen wie die erste. Mit leichter Reibung anfilzen, dann den Druck erhöhen, damit sich die Schichten verbinden. Vorsichtig arbeiten, da sich auf dem glatten Plastik die Wolle leicht verschiebt.

4 Nun den Plastikbecher entfernen, und das Filzstück kräftig kneten und reiben, bis es anfängt zu schrumpfen. Wieder in Form drücken, mit Essigwasser ausspülen und trocknen lassen.

5 Nach dem Trocknen die Ränder zu Spitzen schneiden und nochmals mit Seifenlauge nachfilzen. Einen gläsernen Untersatz hineinstellen (unbedingt erforderlich wegen Brandgefahr) und ein Teelicht einsetzen.

6 Die Höhe und Form der Spitzen verändert den ganzen Eindruck des Windlichtes. Es kann auch mit kleinen Perlen bestickt oder mit Pailletten verziert werden.

Teeglashalter

MATERIAL

- kardierte Wolle in den gewünschten Farben
- Seifenlauge
- Plastikbecher, etwas größer als die Teegläser
- Schere
- Filznadel

Die Grundform wird wie das Windlicht gearbeitet. Der obere Rand wird jedoch nicht spitz zugeschnitten, sondern nach dem Trocknen gerade abgeschnitten. Die Ränder nochmals nachfilzen. Nach dem Trocknen können auch noch Filzmotive mit der Filznadel aufgebracht werden. Diese Nadel verbindet die Wolle mit dem darunterliegenden Filz. Dicht an dicht in die Wolle einstechen, und die Nadel sorgt für das Verhaken der Wollfasern. So muss nicht noch mal mit Seifenlauge nachgefilzt werden.

Filzhülle für Vasen

Damit dem Teelicht nicht kalt wird – Filzhüllen, die wunderschönes Licht machen

MATERIAL
- **kardierte Wolle in den gewünschten Farben**
- **Seifenlauge**
- **Plastikbecher oder Gläser**
- **Schere**
- **Filznadel (aus dem Bastelgeschäft)**

Alle Hohlgefäße wie Vasen, Tontöpfe oder Plastikschalen können umfilzt werden, oder man kann nach dem bei den Teelichtern beschriebenen Verfahren eine Form aus Filz herstellen.

Bei Formen, die frei ohne Innenleben, wie die Windlichter stehen sollen und als Schüssel oder Schale dienen, müssen die Schichten der Wolle dicker sein als bei Windlichtern oder Teeglashaltern.

Die Schichten sollten nach und nach aufgebracht werden. Immer wieder die eine Schicht leicht anfilzen, dann die nächste auflegen, sonst verrutschen sie leicht.

Wunsch- und CD-Täschchen

MATERIAL
- **kardierte Wolle in den gewünschten Farben**
- **Seifenlauge**
- **Noppenfolie oder Moosgummi**
- **Schere**
- **Kugelschreiber**
- **Essigwasser**

1 Schablone für die Wunschtäschchen aus Moosgummi oder Noppenfolie um ca. 20 Prozent größer zuschneiden, als die endgültige Größe sein soll. Die Form entspricht dem Täschchen mit aufgeklappter Lasche. Gefilzt wird negativ, d.h. erst werden die Muster aufgelegt, dann kommen die großflächigen Schichten.

2 Da negativ gefilzt wird, werden als Erstes die Muster aufgelegt. Punkte, Herzen, Blümchen und feine Linien werden aus ganz dünnen Filzflocken und etwas Seifenlauge vorgeformt und auf die Schablone gelegt.

3 Die Wolle in der gewünschten Farbe in Flocken zupfen und dachziegelartig auf die eine Seite der Muster legen. Die zweite Schicht quer darüber, die Schablone umdrehen, Ränder sorgfältig umlegen und die andere Seite ebenso bearbeiten. Dabei die Ränder mit etwas Seifenlauge anfilzen.

4 Dann die zweite Rohwollschicht auflegen, immer quer zur vorherigen Schicht. Wieder leicht anfilzen. Das Filzstück dabei immer wieder auf die andere Seite drehen und beide Seiten filzen. Wenn der Filz sich gut verbunden hat, kräftiger reiben und drücken.

5 Nach dem Walken das Täschchen gut ausspülen und trocknen lassen, an den Kanten der Lasche aufschneiden, die Tasche umdrehen und einen Teil der Lasche nach innen klappen, den anderen als Taschendeckel über das Täschchen.

6 Nun das Täschchen noch leicht bügeln, die Lasche dabei in die gewünschte Form bringen, evtl. noch Ränder festfilzen. Die Täschchen sind gleichzeitig Geschenkverpackung und liebenswertes Geschenk.

kleines Bild: dauerhafter Blütentraum, das Serviettentäschchen in Rosétönen

Serviettentäschchen

MATERIAL
- **Wolle in Pink und Rosa- und Grüntönen**
- **Seifenlauge**
- **Moosgummi**
- **Schere**
- **Kugelschreiber**

Auch als Serviettenhülle eignen sich die Täschchen hervorragend. Hier wurde das Täschchen mit vielen zarten Blüten in allen Rosa- und milden Grüntönen geschmückt. Die Grundanleitung ist die gleiche wie für die Wunschtäschchen und die CD-Hülle, die Form kann für die Servietten variiert werden.

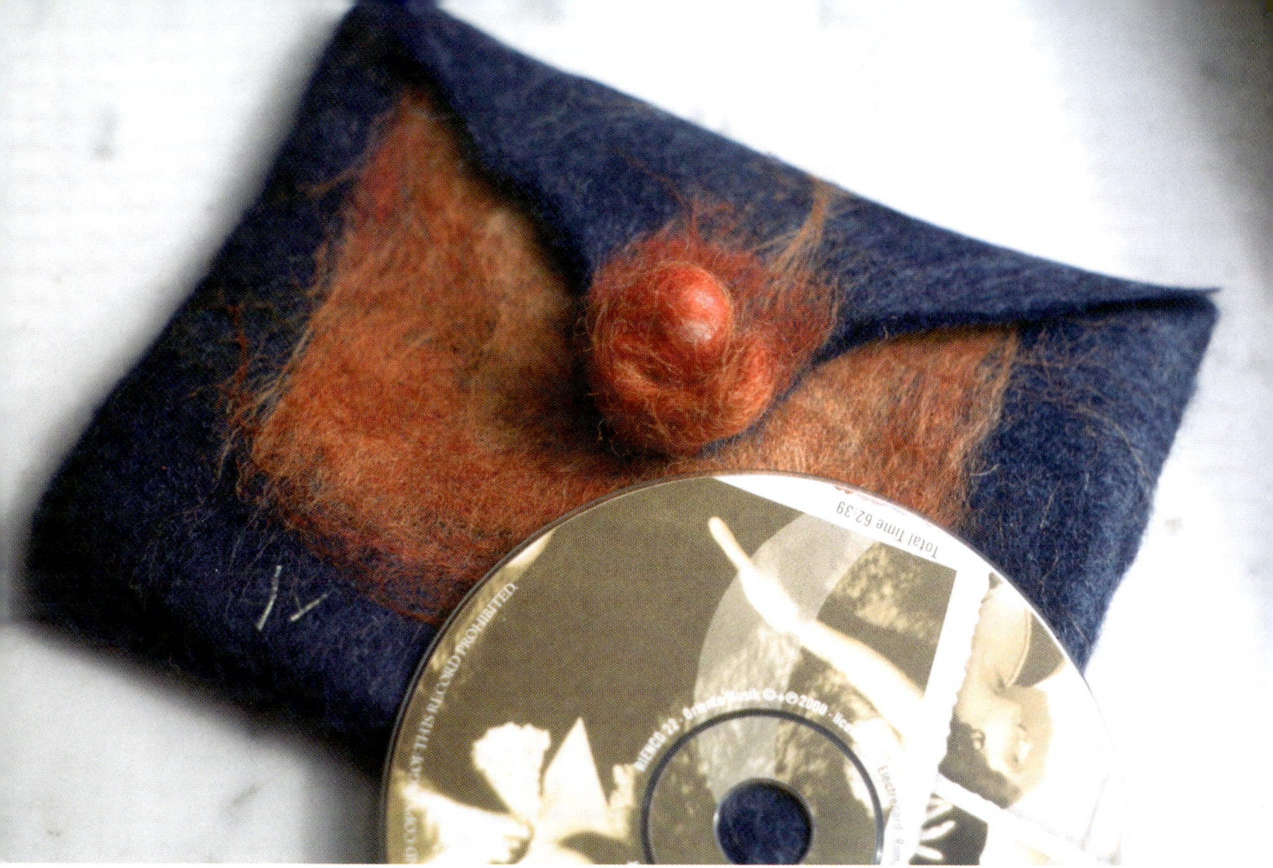

CD-Täschchen

Schutzhülle der besonderen Art: So verpackt ist eine CD ein persönliches Geschenk

MATERIAL

- **kardierte Wolle in Blau und Rot**
- **Seifenlauge**
- **Noppenfolie oder Moosgummi**
- **Schere**
- **Kugelschreiber**
- **Essigwasser**

Die Schablone für die CD-Tasche um ca. 20 Prozent größer zuschneiden, als die CD-Hülle ist.
Die Form ist quadratisch mit einer spitzen Lasche. Ansonsten wird die CD-Hülle gearbeitet wie das Wunschtäschchen. Die Dekorationsfarbe wird als Quadrat in die Mitte platziert.
Wenn die Hülle fertig gefilzt und getrocknet ist, die obere Kante der Lasche aufschneiden, umdrehen und den zweiten Teil einklappen. Nun einen kleinen Ball als Knopf filzen (Grundanleitung S. 6/7) und eine Schlinge aus zusammengefilzten Fäden an die Lasche nähen.

Fingerfigürchen

MATERIAL
- **kardierte Wolle in Rohweiß**
- **Seifenlauge**
- **Wackelaugen**
- **Klebstoff**
- **Essigwasser**

1 Die Geister werden über den Daumen gefilzt. Dafür zuerst mit noch trockenen Händen die rohweiße Wolle in Flocken und längere Stränge zupfen. Nun einige längere Stränge kreuz und quer über den Daumen legen und in die Seifenlauge tauchen.

2 Anschließend im oberen Bereich eine Lage quer zur ersten wickeln, die unteren Wollstränge werden nicht extra gefilzt. Sie bilden das durchsichtige Gewand und sollen ausgefranst herunterhängen.

3 Den Daumen immer wieder in die Seifenlauge tauchen und durch vorsichtiges Reiben und Drücken den Geisterkopf filzen. Nach einiger Zeit, wenn der Schrumpfprozess einsetzt, auf den Zeige- oder Mittelfinger wechseln.

4 Wenn sich die Filzfasern gut verbunden haben, den Geist in Essigwasser ausspülen und evtl. über einem Korkenstück trocknen lassen.
Nach dem Trocknen werden die Wackelaugen aufgeklebt.

kleines Bild: Deko und Spielzeug zu Halloween oder zu jeder Mitternachtsparty

Rabe

MATERIAL
- **kardierte Wolle in Gelb und Schwarz**
- **Seifenlauge**
- **Wackelaugen**
- **Klebstoff**
- **Essigwasser**

Mit noch trockenen Händen die Wolle in Flocken und Strängen zurechtlegen. Zuerst den Schnabel filzen. Dazu einige gelbe Flocken in der Mitte zusammenlegen und mit einem kleinen Strang umwickeln. In die Seifenlauge tauchen und nur den vorderen Teil filzen. Eventuell noch etwas aufpolstern. Nun den Körper beginnen (wie den Geist), aber an der Oberseite den Schnabel mit einarbeiten. Die unteren Filzfetzen bleiben als Flügel mit Federn ungefilzt und ungeschnitten.

Halloweenkürbisse

Als Finger- oder Handpuppe, als Deko an Halloween, als Teil eines Mobiles: der Filzrabe

MATERIAL

- **kardierte Wolle in Orange und Schwarz**
- **Seifenlauge**
- **große Styroporkugel**
- **Essigwasser**

Die Wollen mit noch trockenen Händen in Flocken zupfen und nach und nach, kreuz und quer um die Kugel legen. Die Kugel mit Filzschichten noch etwas in die Breite polstern, damit der Kürbis eine schöne Form erhält. Immer wieder mit der Seifenlauge befeuchten (Grundanleitung „Ball“ Seite 6/7) und mit leichtem Druck anfilzen. Dann mit der schwarzen Wolle die gruselige Fratze auflegen und anfilzen (kann auch später mit der Filznadel aufgebracht werden). Nun den Druck erhöhen und kräftig reiben. Nach der Filzprobe, wenn sich keine Fasern mehr lösen, den Kürbis auswaschen und trocknen lassen. Nun kann man entweder den Kürbis in dieser Form dekorieren, oder es wird die oberste Kappe abgeschnitten, die Kugel entnommen und ein gefilzter Henkel angebracht. So wird aus dem Kürbis eine Tasche für die Halloween-Süßigkeiten, die man an der Haustüre erbittet.

Blütenreigen

MATERIAL
- **kardierte Wolle in Rot, Gelb, Schwarz und Grün**
- **Seifenlauge**
- **Schere**
- **ovale Kieselsteine**
- **Essigwasser**

1 Die Mohnblume wird um große, ovale Kieselsteine gefilzt. Zuerst eine dünne, schwarze Kordel vorfilzen und um die Steine wickeln, das wird der Stempel. Nun die rote Wolle mit trockenen Händen in Flocken zupfen.

2 Dachziegelartig werden die roten Flocken um den Stein gelegt und mit Seifenlauge „festgeklebt“. Die nächste Schicht wird wieder quer zur ersten gelegt und leicht angefilzt.

3 Über mindestens 4 Schichten arbeiten. Einen langen Stiel in Grün als Stängel vorbereiten (Gundtechnik Schlangen, Seite 8/9), an einer Seite jedoch offen lassen und an ein Ende der Filzmohnkapsel mit grünen kleinen Flocken anfilzen.

4 Für das Blatt wird ein Strang grüner Wolle als Schlaufe gelegt und mit kleinen Flocken grüner Wolle gefüllt. Mit den Fingern wird das Blatt nun geformt. Das Blattende wird an den Stängel gefilzt.

5 Wenn alle Teile gut verbunden sind und sich durch Zupfen keine Fasern mehr lösen lassen, kann ausgewaschen und in Essigwasser gespült werden. Nun das obere Drittel der Mohnkapsel entlang abschneiden, die Ränder nachfilzen, auswaschen und trocknen lassen.

6 Die gelbe Blume wird genauso gefilzt, jedoch ohne den schwarzen Blütenstempel. Hier bildet der Anfang des Stängels den Blütenstempel. Er wird also sofort an den Stein gefilzt.

kleines Bild: Deko für Geschenke und Tische, die gelbe Blume

Gerberablüte

MATERIAL
- **kardierte Wolle in Rot, Gelb und Grün**
- **flacher, runder Kieselstein**
- **Seifenlauge**
- **Schere**
- **Filznadel**

Den Kieselstein mit einer Lage roter Wolle, dann gelb und dann wieder rot umfilzen. Nach Faserprobe den Stein an den Rändern entlang aufschneiden und die Blätter herausschneiden. Die obere rote Schicht einschneiden, so entstehen die Punkte. Kleine rote Kugel formen und in die Mitte der Blüte stecken. Mit der Filznadel festfilzen, dann Blume flach ausfilzen. Grünen Wollstrang als Stängel anfilzen.

Aufgeblühter Mohn

Links die aufgeblühten Mohnblumen und rechts die Gerberablüte zum Dekorieren und Schenken

MATERIAL

- **kardierte Wolle in Rot, Grün und Schwarz**
- **Seifenlauge**
- **Essigwasser**

Der aufgeblühte Mohn wird durch dicke Schlaufen gefilzt. Dazu mit noch trockenen Händen einige Stränge roter Wolle und Flocken in Rot und Schwarz bereitlegen. Nun eine dicke Schlaufe legen, den Mittelteil der Schlaufe mit kleinen Wollflocken in Rot ausfüllen und mit Daumen, Zeigefinger und Mittelfinger formen. Das spitze untere Drittel der Schlaufe wird in letzter Schicht in Schwarz gearbeitet und ergibt den Blütenstempel. Fünf dieser Blütenblätter zusammennehmen, die Enden mit grüner Wolle ganz fest umfilzen und einen Stängel wie auf der anderen Seite beschrieben anfilzen.

Kissen und Nackenrolle

MATERIAL
- **kardierte Wolle in Rohweiß, Apricot und Rost**
- **Seifenlauge**
- **Kissenfüllung**
- **Strickwolle in Rost**
- **Filznadel**
- **Nähnadel**
- **Stopfwolle in Weiß**
- **Noppenfolie (s. S. 48)**
- **Spülbürste oder Wäschesprenger**
- **Frotteehandtuch**
- **Essigwasser**

1 Für das Kissen die Noppenfolie in der Form eines langen Rechtecks als Unterlage auslegen. Nun mit trockenen Fingern die kardierte Wolle in Rohweiß in Flocken zupfen. Die Wolle dachziegelartig übereinander legen. Die nächste Schicht quer dazu, insgesamt mindestens vier Schichten.

2 Die Größe des Kissens ist variabel, es werden Vorder- und Rückenteil zusammen gearbeitet, d.h. das Kissen wird doppelt so lang gearbeitet, wie gewünscht. Nun die Wollschicht vorsichtig mit der Spülbürste befeuchten und die Wollfasern niederdrücken.

3 Leicht reiben, damit sich die Fasern verbinden, mit der Zeit den Druck verstärken. Ist der Filz gut verbunden, das Stück vorsichtig in das Handtuch wickeln und walken. Wenn der Filzprozess eingesetzt hat und das Filzstück geschrumpft ist, auswaschen und trocknen lassen.

4 Nach dem Trocknen das Filzstück bügeln. Dann die Spirale mit einem dünnen Strang apricot- und rostfarbener Wolle auflegen und mit der Filznadel fixieren. Die Nadel sorgt für ein Verhaken der Wollfasern. Einfach dicht an dicht mit der Nadel einstechen und wieder herausziehen.

5 Nach der Verzierung das Kissen mit der Stopfwolle an zwei Seiten zusammennähen, füllen und die letzte Seite ebenfalls schließen. Nun für die Quasten an den Ecken einige Strickwollfäden um den Handteller wickeln, herunterziehen, auf einer Seite abbinden und annähen.

Tipp Kissen können auch auf einer quadratischen Schablone negativ gefilzt werden (siehe S. 4/5). Zuerst das Muster auflegen, dann mit Schichten aus Schmuckfarbe und rohweißer Wolle bedecken. Nach dem Walkprozess nur an einer Seite aufschneiden, wenden und füllen.

Das Trockenfilzen

MATERIAL
- **kardierte Wolle in den gewünschten Farben**
- **Filznadel**

Kleine, einfache Dinge lassen sich mit der Nadel hervorragend trocken filzen. Einfach die Wolle in der gewünschten Form (Ball, Fläche, Ei) zusammenlegen und mit der Nadel einstechen und wieder herausziehen. Durch die kleinen Haken an der Nadel verhaken die Wollfasern sich ineinander, auch ohne Feuchtigkeit, Hitze und Druck.

Diese Technik eignet sich zum Arbeiten von Modellen, die weich und kuschelig bleiben sollen und zum Aufbringen von Mustern aus Vorfilz (bereits gefilzte Stücke).

Nackenrolle

Gemütliche Hausgenossen: das Schneckenkissen und die Nackenrolle mit Blumen

MATERIAL

- **kardierte Wolle in 6 verschiedenen Farben**
- **Seifenlauge**
- **Frotteehandtuch**
- **Kissenfüllung**
- **Nähnadel**
- **Stopfwolle in Apricot**
- **Noppenfolie**
- **Spülbürste**
- **Essigwasser**

Die Wolle für die Nackenrolle mit noch trockenen Händen in Flocken zupfen und auf der Noppenfolie dachziegelartig in Form eines Quadrats auslegen. Die nächste Schicht quer darüber, bis zu mindestens vier Schichten.
Nun mit der Spülbürste befeuchten und die Wolle niederdrücken. Mit leicht kreisenden Bewegungen und wenig Druck anfilzen. Den Druck allmählich verstärken. Weiterarbeiten wie beim Kissen beschrieben. Nach dem Trocknen des Filzstücks einige Flocken als Blümchen auflegen und wie beim Kissen beschrieben mit der Trockenfilznadel locker auffilzen.
Die Nackenrolle an zwei Kanten zusammennähen, an einer Seite mit einem Wollfaden zusammenziehen, füllen und dann die andere Seite ebenfalls schließen.

Klapptaschen und Buchhüllen

MATERIAL

- **kardierte Wolle in Grau und Pink**
- **Seifenlauge**
- **Noppenfolie (s. S. 48)**
- **Holzblock in der gewünschten Größe der fertigen Tasche**
- **Klebstoff**
- **Essigwasser**

1 Aus Noppenfolie die Schablone für die Klapptasche rechteckig so groß zuschneiden, dass das sichtbare Taschenquadrat 2/3 der Schablone entspricht. Mit noch trockenen Händen die graue Wolle in Flocken zupfen und bereitlegen.

2 Dachziegelartig auf die Schablone legen, die zweite Schicht quer zur ersten, insgesamt 4 Schichten. Mit Seifenlauge befeuchten und durch leichtes Reiben anfilzen. Die zweite Seite ebenso arbeiten, dabei die überstehenden Ränder mit einfilzen.

3 Lösen sich keine Fasern bei der Zupfprobe, so kann die Schablone an der 3/3-Stelle einseitig aufgeschnitten werden. Die Schablone entfernen. Den Holzblock in die 2/3-Seite legen und die 1/3-Seite überklappen. Jetzt ist schon zu sehen, wie die Tasche funktioniert.

4 Die Kanten mit Wolle über dem Holzblock zufilzen und die Ober- und Unterschicht zusammenfilzen. Nun den Holzblock entfernen, die Tasche mehrfach auswaschen. Den Holzblock zur Formgebung wieder einlegen und so trocknen lassen.

5 Der Zierknopf wird aus einem Strang pinkfarbener Wolle locker angefilzt und zu einer Schnecke verdreht. Die Rückseite mit kleinen Flöckchen Wolle zufilzen, damit sich die Schnecke nicht ausdreht. Die Schnecke an die Lasche der Tasche annähen.

kleines Bild: schicke Klapptasche mit Schneckenverschluss

Verzieren mit der Filznadel

Die Taschen können mit schönen bunten Knöpfen, Buchstaben oder Mustern verziert werden. Dabei ist die Trockenfilznadel eine große Hilfe. Sie ermöglicht es, flächige Gegenstände aus Filz auch nach dem Trocknen noch mit kleinen Blümchen, Herzchen, Karos, dünnen Streifen, Buchstaben, Figuren oder Ornamenten zu verschönern. Der Vorteil ist, dass die Muster nicht verrutschen, denn sie werden einfach mit der Nadel dicht an dicht auf den Untergrund gestochen. Die Nadel verhakt die Fasern dann miteinander, durch das Einstechen und wieder Herausziehen. Natürlich können die Motive auch mit der Nadel aufgestochen und dann noch in herkömmlicher Weise angefilzt werden.

Buchhülle

Buchhülle mit Initialen: edel und eine wertvolle Verpackung für Alben

MATERIAL

- **kardierte Wolle in Blau, Rot und Weiß**
- **Seifenlauge**
- **Noppenfolie**
- **Kugelschreiber**
- **Schere**
- **dicke Pappe**
- **Trockenfilznadel**
- **Essigwasser**

Die Schablone doppelt so breit wie das spätere Buchformat arbeiten, denn sie wird dann in der Mitte umgeklappt. Nun mit der zuvor in Flocken gezupften Wolle belegen und beidseitig in 4 Schichten filzen. Nach der Filzprobe die eine Seite in der Mitte längs aufschneiden, die Schablone entnehmen und die Buchhülle walken. Dabei immer wieder in die Hüllen fassen, damit diese nicht zusammenfilzen. Ist die Buchhülle fertig gefilzt, gründlich auswaschen und in Essigwasser spülen. Für die Buchstabenverzierung einen Wollstrang leicht vorfilzen und als Buchstabe auf die bereits getrocknete Tasche legen. Mit der Filznadel auffilzen, dabei etwas seitlich einstechen. Zum Schluss die Buchdeckel einziehen und zusammenklappen.

Handytaschen und Brillenetuis

MATERIAL

- **kardierte Wolle in Blau, Dunkelrot, Hellgrün, Rosa, Pink und Orange**
- **Seifenlauge**
- **Noppenfolie oder Moosgummi (s. S. 48)**
- **Schere**

1 Für das Handytäschchen erst die Schablone aus der Noppenfolie oder dem Moosgummi zuschneiden. Die Form entspricht dem Täschchen mit aufgeklappter Lasche, zzgl. 20 Prozent Schrumpfwahrscheinlichkeit. Es wird negativ gefilzt, d.h. zuerst Muster auf der einen Seite legen.

2 Nun die farbige Wolle mit trockenen Händen in Flocken zupfen und dachziegelartig auf die Seite mit dem Muster legen. Die zweite Schicht quer darüber. Mit etwas Seifenlauge anfilzen, dann die zweite farbige Wollschicht auflegen, quer zur vorherigen Schicht leicht anfilzen.

3 Schablone wenden, Ränder umklappen und die andere Seite ebenfalls zuerst mit dem Muster und dann mit der Grundfarbe bearbeiten. Die Ränder gut einfilzen und dann die Schichten mit der rohfarbenen Wolle aufbringen. Werkstück jetzt auf beiden Seiten filzen.

4 Wenn der Filz sich gut verbunden hat, kräftiger reiben und drücken. Dann mit dem Walken auf der Noppenfolie beginnen.

5 Nach dem Schrumpfungsprozess, die Fasern sind nun ganz dicht verbunden, das Täschchen gut ausspülen, an den Kanten der Lasche aufschneiden, wenden, den einen Teil der Lasche nach innen klappen, den anderen als Lasche über das Täschchen.

6 Nun das Täschchen leicht bügeln, die Lasche in Form bringen. Zum Schluss noch eine Schlaufe aus angefilzter Wolle anbringen.

kleines Bild: für Brillen und Handys noble Hüllen, bunt und lustig

Stifttäschchen

MATERIAL

- **Wolle in Rohweiß**
- **Wolle in verschiedenen Rottönen**
- **Seifenlauge**
- **Moosgummi**
- **Schere**

Das Stifttäschchen wird von der Grundidee gearbeitet wie das Brillenetui, nur in die Querrichtung. Auch hier zuerst mit den Rottönen beginnen, dann mit der rohweißen Wolle fortfahren. Ist das Täschchen fertig gefilzt, mit Essigwasser spülen, trocknen lassen und an der oberen Kante der Lasche aufschneiden. Den einen Teil nach innen stecken, der andere Teil bildet die Lasche. Der Laschenverschluss wird aus drei kleinen Quasten gefilzten Anhängern geformt und anschließend angenäht.

Fischetui

Apartes Etui für die Brille: Da räumen auch Kinder ihre Brille gerne auf

MATERIAL

- **kardierte Wolle in Rohweiß**
- **kardierte Wolle in verschiedenen Blau- und Grüntönen**
- **Seifenlauge**
- **Moosgummi**
- **Schere**
- **Stopfwolle in Blau**
- **Essigwasser**

Die Seitenansicht des Fisches in der gewünschten Größe aus Moosgummi, zzgl. 20 Prozent Schrumpfwahrscheinlichkeit ausschneiden. Gearbeitet wird negativ, d.h. zuerst wird die später sichtbare Seite gelegt.
An einer Stelle zuerst das Auge platzieren, dann Blau- und Grüntöne hauchfein neben- und übereinanderlegen, dann mit der rohweißen Wolle arbeiten, insgesamt mind. 4 Schichten. Auf der anderen Seite genauso, die Kanten ineinanderfilzen.
Nun den Fisch auswaschen, mit Essigwasser spülen und am Maul aufschneiden, dass es groß genug für die Brille ist. Dann den Fisch wenden, dass die farbige Seite sichtbar wird. Nun den Schwanz in die Waagerechte pressen, beschweren und den Fisch so trocknen lassen, evtl. noch in Form bügeln. Wenn man den Schwanz mit ein wenig Wolle füllt, behält er schön seine Form.

Herzige Angelegenheiten

MATERIAL

- **kardierte Wolle in diversen Rot- und Lilatönen**
- **Seifenlauge**
- **Styroporherzen in verschiedenen Ausführungen und Größen**
- **Essigwasser**

1 Zuerst mit noch trockenen Händen die verschiedenen Farben in Flocken zupfen und zurechtlegen. Nun die Herzen kreuz und quer mit den Flocken belegen, dabei immer wieder mit der Seifenlauge „ankleben".

2 Die Wolle zuerst durch leichtes Reiben und Drücken anfilzen, dann den Druck langsam verstärken. Vorsicht, die Wollfasern verrutschen auf der glatten Styroporoberfläche leicht.

3 Bei den Herzen reicht eine dünne Schicht von zwei Wolllagen. Mit einer Lage Wolle mehr sollten die Spitzen bearbeitet werden, da sich die Wolle hier sehr leicht verschiebt.

4 Das offene Herz aus Styropor wird zuerst mit einem Strang Wolle in Längsrichtung umhüllt und dann mit vielen kleinen Wollflocken quer fixiert. Dazwischen immer wieder mit Seifenlauge „ankleben".

5 Ist die Wolle gut verfilzt und lösen sich bei der Filzprobe keine Fasern mehr, werden die Herzen ausgewaschen, mit Essigwasser gespült und getrocknet. Das geht mit dem Styroporkern schneller als bei Herzen, die komplett aus Wolle gearbeitet werden.

6 Die Herzen sind ein schönes Geschenk für alle frisch Verliebten, zur Hochzeit als Tischdeko, zum Valentinstag oder Muttertag, da auch Kinder sie sehr leicht herstellen können. Man kann sie auch mit Blüten besticken oder mit echten Rosenknospen verzieren.

Herzaktionen

Herzen aus Filz, seien sie nun dreidimensional, flach oder als Täschchen gearbeitet, finden überall schöne Verwendung. Mit einem Stock versehen schmücken sie jeden Blumenstrauß, an einem Bändchen befestigt beleben sie das Fenster. Flach gefilzt sind sie eine liebevolle Dekoration auf Einladungskarten oder Geschenken. Üppig schmücken sie am Muttertagmorgen den Frühstückstisch. In etwas größer als Tasche gefilzt, ergibt das Filzherz ein reizendes Kissen. Und viele Gelegenheiten ein Herz zu verschenken gibt es auch. Ob als Täschchen, in dem sich das eigentliche Geschenk versteckt oder als Tischdekoration – herzige Ideen gibt es in Hülle und Fülle und Anlässe zum Schenken auch.

Herztäschchen

Geschenkherzen für Geschenke mit Herz

MATERIAL

- **kardierte Wolle in verschiedenen Rottönen**
- **Seifenlauge**
- **Noppenfolie oder Moosgummi**
- **Schere**

Zuerst ein Herz in der gewünschten Größe und Form zzgl. 20 Prozent aus der Noppenfolie oder dem Moosgummi zuschneiden. Man kann es negativ oder positiv filzen (siehe S. 4/5). Ist das Herz fertig, die obere Kante aufschneiden und die Ränder eventuell noch einmal nachfilzen. Besonders hübsch sieht es aus, wenn die innere Farbe sich von der äußeren unterscheidet. Es können auch noch Muster mit der Filznadel aufgebracht werden. Mit einer kleinen Kordel versehen, wird es zu einem richtigen kleinen Täschchen.

Serviettenringe und Tischdekoration

MATERIAL

- **kardierte Wolle in Rohweiß, Rot, Pink, Rosa**
- **Seifenlauge**
- **Bindedraht**
- **Kneifzange**
- **Essigwasser**

1 Pro Serviettenring 2 ca. 30 cm lange Drahtstücke zuschneiden und umeinander drehen. Die Enden zu kleinen Schlaufen biegen. Nun mit noch trockenen Fingern die Wolle in den gewünschten Farben zu Flocken und langen Strängen zupfen.

2 Zuerst einen langen Strang in der gewünschten Farbe um die Schlaufe des Drahtes legen, mit Seifenlauge „ankleben" und mit Flocken in der gleichen Farbe in der Querrichtung fixieren. Kurz anfilzen.

3 Von der anderen Seite mit der zweiten Farbe genauso arbeiten, bis der Draht vollständig dicht bedeckt ist. Nun durch leichtes Reiben und Streichen vorsichtig anfilzen. Nach dem Anfilzen kräftiger reiben und drücken, bis sich keine Fasern mehr lösen.

4 Wenn die Filzprobe bestanden ist, mit Essigwasser auswaschen und trocknen lassen. Zum Schluss können die Serviettenringe in die unterschiedlichsten Richtungen gebogen werden. Sie eignen sich auch zum Umwickeln von Flaschenhälsen als Deko.

kleines Bild: bunte Schnecken als Glasuntersetzer

Möglichkeiten

Der Tisch bietet viele Möglichkeiten für eine Dekoration aus Filz. Gefilzte Sets oder Untersetzer in der Reibetechnik (Grundtechnik S. 4/5) oder Windlichter (S. 11/12), Herzen (S. 26/27), Blumen (S. 18/19) oder vieles andere mehr. Auch Vasen oder Teelichthalter können gefilzt werden (S. 11/12). Der Fantasie sind keine Grenzen gesetzt, ob umfilzte Gefäße aller Art, gefilzte Tischdecken, Serviettentäschchen (S. 24/25) oder Dekofrüchte (S.30/31) – Tischdekoration wird mit Filz erst richtig originell.

Serviettenring mit Knopf

Originelle Deko: Serviettenringe mit Knopf, gewickelt und gedreht

MATERIAL
- **kardierte Wolle in Gelb und Rot**
- **Seifenlauge**
- **Essigwasser**
- **Plastikring oder Ringe vom Tesafilm**

Zuerst die gelbe Wolle mit noch trockenen Händen zu Flocken und einigen Strängen zupfen und zu einer Scheibe drehen. Leicht mit Seifenlauge anfilzen, einen Strang roter Wolle um die Scheibe legen und vorsichtig durch leichtes Reiben und Drücken filzen.
Nun den Ring mit einem Strang Wolle in Gelb umlegen, mit etwas Seifenlauge „ankleben" und mit Wollflocken umwickeln (siehe Anleitung linke Seite). Nach dem Auswaschen und Trocknen die Scheibe auf den Filzring aufnähen und evtl. noch besticken.

Dekofrüchte

MATERIAL

- **kardierte Wolle in Gelb, Rot, Hellgrün, Dunkelgrün, Dunkelrot**
- **Seifenlauge**
- **Styroporkugeln in unterschiedlicher Größe oder Überraschungseierhüllen**
- **Stopfwolle in Grün**
- **Nadel**
- **alte Nylonstrumpfhose**
- **Essig**
- **Nudelholz**
- **Noppenfolie**

kleines Bild: Durch Filzen in der Waschmaschine kann man schnell große Mengen herstellen und damit Kinderkaufläden reich bestücken

1 Zuerst die Wolle in den entsprechenden Farben mit noch trockenen Händen in Flocken zupfen. Dann eine Schicht kreuz und quer über die Styroporkugel legen und leicht anfilzen, bis die Kugel bedeckt ist. Die nächste Farbschicht den Früchten entsprechend wählen.

2 Nach dem Anfilzen die Früchte Stück für Stück in das eine Bein einer alten Strumpfhose stecken und die Zwischenräume fest abbinden. Nun kann man die so präparierten Fruchtbälle in der Waschmaschine filzen. Geduldige filzen die Früchte wie die Bälle auf S. 6/7.

3 Die Waschmaschine auf „halbvoll" stellen, die Temperatur auf 60 °C und die Seifenlauge in die für das Waschmittel vorgesehene Abteilung einfüllen. Den Essig für den Spülvorgang in den Behälter für das Weichspülmittel geben. Nicht schleudern lassen.

4 Die so gefilzten Früchte trocknen lassen. Für die Blätter dunkelgrüne und hellgrüne Wolle ganz dünn auf der Noppenfolie in Blattform auslegen, mit Seifenlauge befeuchten und vorsichtig mit leichtem Druck und Reiben anfilzen.

5 Hat der Filz sich verbunden, eine weitere Noppenfolie darüberlegen und mit dem Nudelholz dünn filzen. Nach dem Trocknen die Blätter bügeln, zurechtschneiden und an die Früchte nähen. Auf diese Art können Äpfel, Birnen, Pfirsiche, Apfelsinen und Pflaumen entstehen.

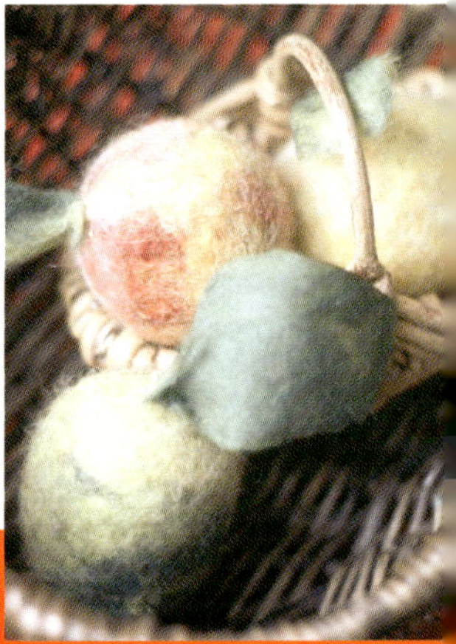

Leckeres Gemüse

MATERIAL

- **Wolle in Rot, Grün, Orange und Rohweiß**
- **Seifenlauge**
- **Stopfwolle in Grün**
- **Nadel**
- **Essigwasser**

Wie Äpfel und Pflaumen können auch Tomaten gefilzt werden. Damit sie noch natürlicher erscheinen, den grünen, zackigen Ansatz am unteren Ende mit der Stopfwolle aufsticken. Die Karotten bestehen aus einem langen Strang kardierter Wolle in Orange, der in der Mitte verknotet wird. Nun die Faserenden übereinander legen, der Knoten bildet das obere Ende. Mit kleinen Flöckchen überfilzen, bis die Karottenform entsteht. Die Blätter in Hellgrün filzen wie beschrieben und annähen. So werden auch Rettiche gefilzt.

Noch mehr Wollobst

Wollobst schmückt Tische, Teller und ziert Fensterbretter

MATERIAL

- **kardierte Wolle in Rot, Grün, Hellgrün und Gelb**
- **Seifenlauge**
- **Stopfwolle in Grün**
- **Nadel**
- **Häkelhaken**

Schnell und einfach, auch ohne Maschine lassen sich Kirschen filzen. Dazu eine kleine Kugel aus einem roten Strang kardierter Wolle formen und in der Hand vorsichtig durch leichtes Drücken und Reiben filzen.

Gewünschte Anzahl an Kugeln vorbereiten, Blätter filzen wie oben beschrieben, eine Luftmaschenkette häkeln und Blätter und Kirschen annähen.

Ebenso lassen sich Weintrauben in Hellgrün und Gelb arbeiten. Dabei unbedingt die Farbigkeit und Form der Weinblätter bedenken. Die einzelnen Trauben nach dem Filzen und Trocknen mit brauner Stopfwolle aneinandernähen und die Blätter annähen.

Frohe Ostern

MATERIAL

- **kardierte Wolle in Rot, Pink, Lila, Gelb, Grün, Rosa und Flieder**
- **Seifenlauge**
- **Essigwasser**

1 Die Ostereier werden nur aus Filz hergestellt. Als Innenleben eignen sich besonders alle Filzabfälle, abgeschnittene Ränder, Filzstücke, die nicht so geworden sind, wie gewollt und Farben, die nicht gerne verfilzt werden. Die Wolle mit noch trockenen Händen zu Flocken und Strängen zupfen.

2 Sollten keine Reste vorhanden sein, einen Strang in beliebiger Farbe, je nach Größe um 2 bis 4 Finger wickeln. Einen zweiten Strang quer dazu um die Mitte des ersten Strangs.

3 Mit etwas Seifenlauge anfeuchten und nun ein Ei mit den Strängen wickeln und mit den kurzen Flocken fixieren. Wenn das Ei die gewünschte Form hat, die Farbigkeit anlegen. Außer Streifen sind natürlich auch Punkte oder Herzen und vieles andere möglich.

4 Nun die Oberfläche durch vorsichtiges Reiben und Drücken anfilzen, dann den Druck verstärken bis der Schrumpfprozess einsetzt. Nun das Ei auswaschen, spülen und trocknen lassen. Feine Verzierungen können auch nachträglich noch mit der Filznadel aufgefilzt werden (S. 20/21).

kleines Bild: Häschen in der Wollgrube – damit lassen sich liebenswerte Osternester basteln.

Hasen

MATERIAL

- **kardierte Wolle in Rohweiß und Hellbraun**
- **Stopfwolle in Schwarz**
- **Nadel**
- **Seifenlauge**
- **Essigwasser**

Einen langen Wollstrang und viele kleine Flöckchen zupfen. Dann einen rohweißen Wollstrang zum Oval legen und nass machen. Durch Legen von zwei Schlaufen die Ohren am Oval anfilzen und mit vielen Flöckchen befestigen. Zwei größere Schlaufen werden zu Vorderbeinen (kleine Hasen werden ohne Beine hockend gefilzt). Der Schwanz besteht ebenfalls aus einer Schlaufe. Den Körper etwas modellieren und mit braunen, dünnen Flocken überziehen. Fertig filzen und auswaschen. Mund und Nase aufsticken.

Eierbecher

Filzeier zum Dekorieren der Ostertafel und zum Schmücken jedes Frühstückstisches

MATERIAL

- **kardierte Wolle in den gewünschten Farben**
- **Seifenlauge**
- **Essigwasser**
- **Styropor-, Plastik- oder Tesafilmring**

Einen lustigen Eierbecher kann man ganz einfach über bereits vorhandene Plastikringe als Rohling filzen. Dazu den Rohling zuerst der Länge nach mit einem zuvor bereitgelegten Wollstrang umwickeln. Dann mit den Wollflocken in den gewünschten Farben umwickeln. Dabei mit der Seifenlauge „ankleben". Unter leichtem Druck anfilzen.

Nun die Dekoration leicht anfilzen, durch Reiben und leichtes Drücken festfilzen. Dem Farbspiel sind keine Grenzen gesetzt. Gestreifte Eierbecher, gepunktete oder sogar karierte sehen attraktiv aus. Nach der Filzprobe, wenn sich keine Fasern mehr abzupfen lassen, die Eierbecher in Essigwasser ausspülen und trocknen lassen. Noch einfacher ist es, die Dekorationen mit der Filznadel im trockenen Zustand aufzufilzen. Die Muster auflegen und mit der Filznadel durch einfaches Einstechen anfilzen. Die Nadel sorgt dafür, dass sich die Fasern ineinander verhaken. So lassen sich sogar ganze Schriftzüge einfach auffilzen. Da der Eierbecher einen festen Unterbau hat, muss beim Auffilzen schräg eingestochen werden.

Herbstdekorationen

MATERIAL
- **kardierte Wolle in Rohweiß**
- **Seifenlauge**
- **Sticktwist in Schwarz**
- **Nadel**
- **Schneckenhäuser**
- **Essigwasser**

1 Für die Schnecken: Aus der Wolle einen dicken Strang und einige Flocken zupfen. Den Strang mehrmals zum Oval legen und nass machen. Aus zwei dünnen, kleinen Schlaufen die Hörnchen formen und durch Drehen in den Fingern filzen. Das andere Ende an die Schnecke anfilzen und mit ganz kleinen Flocken befestigen.

2 Einen etwas größeren Strang um den Bauch der Schnecke legen und an der Oberseite zu einem Höcker formen. Darauf wird später das Schneckenhaus gesetzt. Mit wenigen kleinen Flöckchen den Kopf auspolstern und entsprechend formen.

3 Durch leichtes Reiben die Oberfläche vorfilzen, dann den Druck verstärken, bis der Filzprozess einsetzt und die Schnecke etwas schrumpft und fester wird – kleine Teile schrumpfen allerdings nicht so stark wie große.

4 Nach der Filzprobe, wenn sich keine Fasern mehr lösen lassen, die Schnecke auswaschen und in Essigwasser spülen. Nach dem Trocknen der Schnecke mit der Stopfwolle die Augen aufsticken und das Schneckenhaus aufsetzen.

kleines Bild: zartes Blattwerk als Glasuntersetzer und Schnecken zur Deko mit echten Gehäusen

Herbstblätter

MATERIAL
- **Wolle in Braun-, Rot-, Grüntönen**
- **Seifenlauge**
- **Noppenfolie**
- **Schere**
- **Nudelholz**

Die Wolle mit noch trockenen Händen in Flocken zupfen und in Form eines Ahornblattes auf der Noppenfolie auslegen. Kleine Unregelmäßigkeiten werden später mit der Schere begradigt. Die Herbstfarbigkeit der Blätter beachten, also etwas Orange, Rot und Pink einarbeiten. Die Wolle mit Seifenlauge befeuchten und leicht durch Reiben anfilzen.

Eine zweite Noppenfolie auflegen und mit dem Nudelholz die Blätter flach auswalken. Können keine losen Fasern mehr ausgezupft werden, die Blätter in Essigwasser ausspülen.

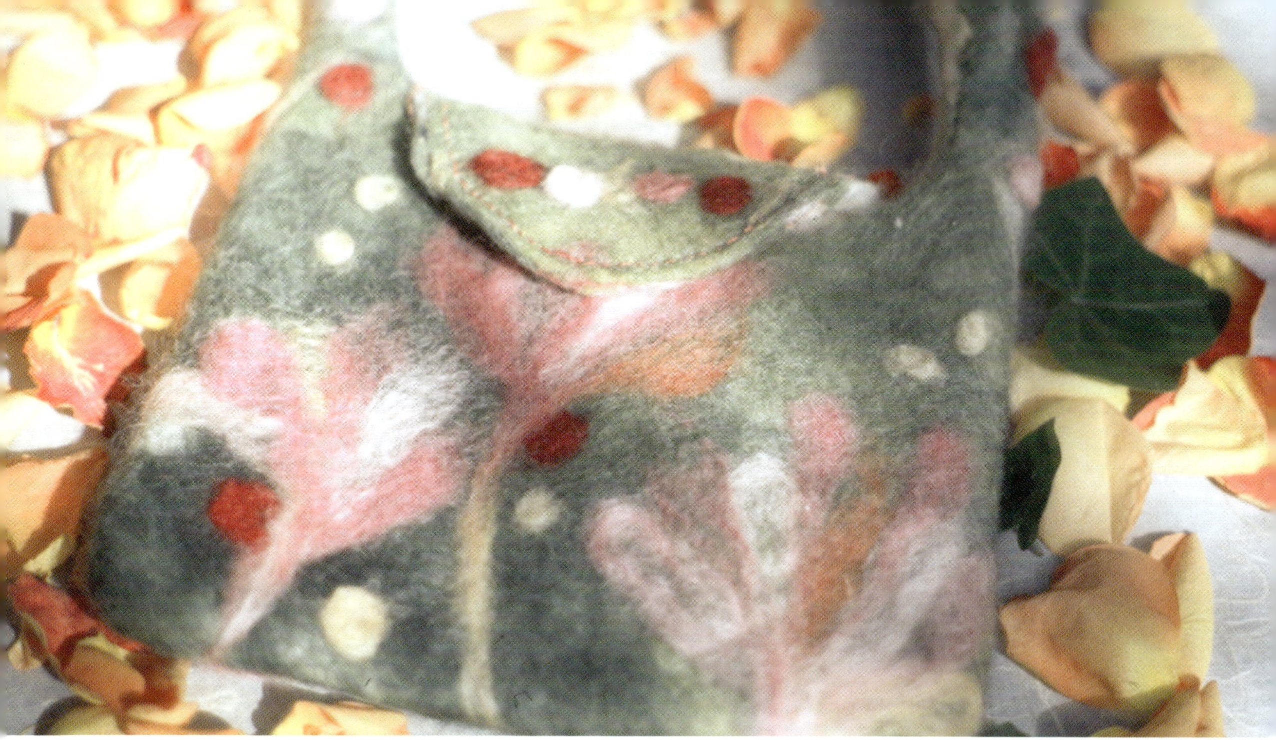

Herbsttäschchen

Herbstliche Tasche mit reicher Blumenpracht: für Geschenke oder etwas größer als Handtasche

MATERIAL

- **kardierte Wolle in Rohweiß**
- **kardierte Wolle in Hellgrün, Pink, Lila, Rosa, Gelb, Mittelgrün**
- **Seifenlauge**
- **Noppenfolie oder Moosgummi (s. S. 48)**
- **Schere**
- **Stopfwolle**
- **Nadel**
- **Essigwasser**

Zuerst für die Tasche die Schablone aus der Noppenfolie oder dem Moosgummi zuschneiden, dabei 20 Prozent Schrumpfwahrscheinlichkeit beachten. Die Schablone hat die Form des Täschchens mit dem Henkel. Die Grundanleitung zum negativen Umfilzen von Schablonen bitte S. 4/5 entnehmen. Zuerst Blümchen und Pünktchen, dann zwei Schichten Schmuckfarbe auflegen bis eine dichte Fläche entstanden ist. Dann die rohweiße Wolle in zwei Schichten auflegen. Vorsichtig anfilzen und je nach Filzgrad stärker reiben. Schließlich walken. Nun die Lasche etwa 5 cm vom Rand entfernt gemäß der runden Außenform ausschneiden. Die 5 cm, die stehen bleiben, sind der Henkel. Die eine Lasche nach innen klappen, die andere überklappen, deren Ränder noch festfilzen. Der Henkel wird mit einem Wollstrang unterfüttert und mit der Stopfwolle zusammengenäht. Nach Belieben kann jetzt noch ein Verschlussblümchen aufgenäht werden, das man entweder aus Vorfilz herstellt oder extra filzt.

Spieluhren und Kuscheltiere

MATERIAL

- **kardierte Wolle in Rohweiß und Gelb**
- **Seifenlauge**
- **Noppenfolie oder Moosgummi (s. S. 48)**
- **Kugelschreiber**
- **Schere**
- **Stopfwolle in Weiß**
- **Nadel**
- **Füllwolle**
- **Essigwasser**
- **2 schwarze Perlen**
- **Spieluhr**

1 Zuerst die Wolle für die Spieluhrente mit noch trockenen Händen in Flocken zupfen und bereitlegen. Die Schablone aus der Noppenfolie oder dem Moosgummi so gestalten, wie die Ente mit dem Schnabel in der Seitenansicht aussieht.

2 Es wird negativ gefilzt. Die Wolle den Farben entsprechend, also mit gelbem Schnabel beginnend dachziegelartig über die Schablone legen, die zweite Lage quer zur ersten. So insgesamt vier Schichten arbeiten.

3 Mit der Seifenlauge befeuchten und durch vorsichtiges Reiben die Oberfläche anfilzen. Dann die Schablone umdrehen, die überstehenden Ränder umklappen und die Wolle für die zweite Seite in gleicher Weise auslegen, wie für die erste Seite. Ränder festfilzen.

4 Die zweite Seite ebenfalls anfilzen, dann nach und nach den Druck verstärken, Walken, bis die Filzprobe zeigt, dass die Ente fertig ist. Es dürfen sich keine Fasern durch Zupfen entfernen lassen. Bei der Spieluhr empfieht es sich, sehr fest zu filzen.

5 Nun die untere Seite aufschneiden, die Schablone entnehmen und die Ente wenden, gut auswaschen und in Essigwasser spülen.
In noch feuchtem Zustand den Schnabel in die Waagrechte pressen oder bügeln.

6 Kopf und Körper mit Füllwatte ausstopfen, die Spieluhr hineinstecken, mit Füllwatte auspolstern und die Ente zunähen, so dass sich die Ziehschnur der Spieluhr gut betätigen lässt. Die Perlen für die Augen werden von einer Seite des Kopfes zur anderen angenäht.

Filztiere mit Versteck

Alle Filztierchen können auch mit einem kleinen Versteck gearbeitet werden. Das Tierchen arbeiten, wie gewohnt, bis zum Anfilzen. Nun eine Noppenfolie oder Moosgummi an die Unterseite der Katze oder der Ente mit Filzflöckchen befestigen. Die Folie komplett in die Filzarbeit miteinbeziehen und mit mindestens so vielen Filzschichten bedecken wie das Tierchen. Nach dem Auswaschen und Trocknen das Filzstück an der Unterseite an der Kante der Folie aufschneiden. Die Folie herausziehen und eventuell die Ränder nachfilzen. So ist ganz einfach eine Tasche entstanden, die ein kleines Geheimnis verbirgt. Die Filztiere mit Versteck sind auch eine schöne Idee für Geldgeschenke.

links: Spieluhrente in Babyfarben.
rechts: Spielkätzchen zum Kuscheln

Filzkatze

MATERIAL

- **kardierte Wolle in Hellgrau, Dunkelgrau, Braun, Schwarz, Gelb, Rosa und Ocker**
- **Seifenlauge**
- **Moosgummi (s. S. 48)**
- **Stopfwolle in Schwarz**
- **Nadel**
- **Essigwasser**

Katzenschablone in Form einer hockenden Katze in Seitenansicht aus Moosgummi ausschneiden. Die Wolle mit noch trockenen Händen zu Flocken pflücken. Gefilzt wird neagtiv, also Schablone mit der Wolle in den gewünschten Farben dünn belegen, dann hellgraue Wolle in drei Schichten auflegen. Die Wolle unter leichtem Druck anfilzen, mit sanftem Reiben fester filzen, schließlich walken. Nach bestandener Filzprobe die Katze in Essigwasser ausspülen, an den Ohren aufschneiden und wenden. In feuchtem Zustand stopfen. Die Ohren zurechtzupfen und zu zwei Dreieckchen zusammennähen, den Zwischenraum zwischen den Ohren etwas ziehen und mit sorgfältigen Stichen zusammennähen. Augen und Nase sowie Barthaare aufsticken.

Filzschuhe oder Innenfilzschuhe

MATERIAL

- **kardierte Wolle in Braun und Dunkelrot**
- **Seifenlauge**
- **Spülbürste oder Wäschesprenger**
- **Noppenfolie (s. S. 48)**
- **Kugelschreiber**
- **Schere**
- **Frotteehandtuch**
- **Essigwasser**

1 Für die Schablone aus Noppenfolie den Fußabdruck im Profil plus 5 cm und an einer Seite den Schaft ca. 25 cm hoch schneiden. Man braucht zwei gleiche Schablonen, die gleichzeitig gefilzt werden, damit die Schuhe gleich groß werden. Als Unterlage dient ebenfalls Noppenfolie.

2 Nun die Wolle in Flocken zupfen. Mit der Farbe der Innenseite beginnen und dachziegelartig übereinander auf die Schablone legen. Die nächste Schicht quer darüber, insgesamt 3 Schichten. Mit der Wolle der Außenschicht fortfahren, ebenfalls 3 Schichten.

3 Mit dem Wäschesprenger oder der Spülbürste befeuchten und vorsichtig mit der flachen Hand drücken, dann durch leichtes Reiben die Fasern verbinden. Die Schablone umdrehen, die überstehenden Ränder umklappen, einfilzen, die Wolle und diese Seite ebenfalls (s.o.) anfilzen.

4 Nach dem gründlichen Anfilzen die Schablone entnehmen, den Schuh vorsichtig in das Frotteehandtuch wickeln und kräftig durchwalken. Nach einiger Zeit das Handtuch auffalten und anders zusammenfalten, damit die Verbindungen ebenfalls gewalkt werden.

5 Erst wenn der Schuh gut passt, wird er am Fuß weitergewalkt. Dazu wird er gewendet, damit die richtige Seite außen ist. Im warmen Seifenlaugenbad ist diese Fußmassage sehr angenehm und der Schuh passt wie angegossen. Den Schaft nicht zu fest an den Fuß walken, sonst ist kein Ausstieg möglich.

6 Zum Schluss werden die Schuhe ausgewaschen und in Essigwasser gespült. Gefilzte Schuhe sind sehr kältebeständig und eignen sich aus diesem Grund sehr gut als Innenschuhe für Gummistiefel. Sie verhindern auch das Schwitzen in Plastikschuhen.

Lustige Schuhvarianten

Mit ein paar Tricks werden aus dem Grundschuh fantasievolle Variationen. Dazu werden die Schuhe gearbeitet wie in der Grundanleitung beschrieben.

Variante 1: Den Schaft in Zacken schneiden, so kommt die zweite Farbe schön zur Geltung. Werden die Spitzen mit Glöckchen verziert, entsteht Modell „Eulenspiegel".

Variante 2: Der Schaft wird nicht so hoch und der Schuh unifarben gearbeitet. Nun werden die kleinen Spitzen, die beim Filzen entstehen mit Perlen benäht und bestickt.

Variante 3: Der Schuh wird am Spann aufgeschnitten, Ösen eingearbeitet und mit Lederbändern verschnürt. So kann ein zu eng gewalkter Schuh noch gerettet werden.

Mäuschen

Warme Schuhe, die als Hausschuhe viel zu schade sind. Ohne Verzierung kann man sie auch als Innenschuhe für Gummistiefel benutzen

MATERIAL

- **kardierte Wolle in Hellgrau**
- **Seifenlauge**
- **Essigwasser**

Einige Wollstränge mit noch trockenen Händen auszupfen und einige kleine Flocken zurechtlegen. Den Wollstrang nun so falten, dass hinten ein langer Zipfel entsteht, der Schwanz. In die Seifenlauge tauchen. Nun die Rundung des Körpers durch Umwickeln formen. Die Öhrchen entstehen durch kleine vorgefilzte Schlaufen, die mit kleinen Flöckchen an den Kopf angefilzt werden. Eventuell die Länge der Schlaufen kürzen, nur für die Schuhe noch eine Schlaufe um den hinteren Teil der Maus legen. Oben anfilzen und unten ungefilzt lassen. Diese Fasern werden dann in den Schuh eingearbeitet (geht auch mit der Filznadel) und sorgen für Halt.

Fröhliche Weihnacht

MATERIAL

- **kardierte Wolle in Dunkelrot, Pink, Rosa und Dunkelgrün**
- **Seifenlauge**
- **verschiedene kleine Perlen in den entsprechenden Farben**
- **passendes Nähgarn**
- **Nadel**
- **Essigwasser**

1 Für die Zapfenkugeln zuerst mit noch trockenen Händen die Wolle in der gewünschten Farbe zu kleinen Flocken und Strängen zupfen. Nun für die zapfenförmigen Anhänger einen langen, ziemlich dicken Strang so zusammenlegen, dass sich die gewünschte Länge ergibt.

2 Befeuchten und mit den kleinen Flöckchen vor allem in der Mitte aufpolstern, bis sich die gewünschte Form zeigt. Nun durch vorsichtiges Reiben und leichtes Drücken anfilzen. Den Druck verstärken, bis der Filzprozess einsetzt.

3 Nach der Filzprobe, wenn sich keine Fasern mehr lösen, den Christbaumschmuck auswaschen, in Essigwasser spülen und trocknen lassen. Danach werden die Teile mit vielen Perlen verziert. Einige kleine Perlen als Ring zusammengefasst ergeben eine Schlaufe, die an ein Ende genäht werden kann.

4 Sehr schön sehen auch aufgenähte Pailletten aus oder etwas größere Anhänger in Kristallform, die ans untere Ende genäht werden können. Der Fantasie sind hier keine Grenzen gesetzt.

kleines Bild: einfache Weihnachtskugeln in allen Rottönen

Christbaumkugeln

MATERIAL

- **kardierte Wolle in den gewünschten Farben**
- **Seifenlauge**
- **Styroporkugeln in verschiedenen Größen**
- **Essigwasser**

Für alle Ungeduldigen und solche, denen erst im letzten Moment eingefallen ist, dass noch das ein oder andere Weihnachtsgeschenk fehlt, empfiehlt sich die Massenproduktion von Christbaumkugeln in der Waschmaschine. Die Grundanleitung steht auf Seite 30/31 (Dekofrüchte). Schön verziert mit Perlen, Pailletten und Sternchen sind das ganz besondere Geschenke, die handgearbeitet und persönlich sind und doch schnell hergestellt werden können.

Sterne

Zapfenkugeln, reich mit Perlen verziert, ergeben anmutigen Festtagsschmuck

MATERIAL

- **kardierte Wolle in Gelb**
- **Seifenlauge**
- **Noppenfolie oder Moosgummi (s. S. 48)**
- **Kugelschreiber**
- **Schere**
- **Füllwolle**
- **Stopfwolle in Gelb**
- **Nadel**

Zuerst die Schablone für den Stern in der gewünschten Größe zuschneiden. Die Wolle mit noch trockenen Händen in Flocken zupfen. Die erste Schicht auf der einen Seite der Schablone dachziegelartig auslegen, die zweite quer darüber. Mit Seifenlauge leicht anfilzen und die Schablone umdrehen. Die lappenden Ränder umklappen und die zweite Seite behandeln, wie die erste. Vorsicht bei den Zackenspitzen, diese doppelt belegen, da hier die Wolle leicht verrutscht. Nun den Druck verstärken und durch Drücken und Reiben festfilzen. Wenn die Filzprobe bestanden ist, in Essigwasser ausspülen und trocknen lassen. Eine Sternseite aufschneiden, mit der Füllwatte vorsichtig ausstopfen und wieder zunähen. An einer gehäkelten Kordel aufhängen.

Handschühchen

MATERIAL

- **kardierte Wolle in Rohweiß**
- **kardierte Wolle in Gelb, Pink, Rosa, Rot und Hellgrün**
- **Seifenlauge**
- **Noppenfolie oder Moosgummi**
- **Kugelschreiber**
- **Schere**
- **Trockenfilznadel**
- **Essigwasser**

1 Aus der Noppenfolie oder dem Moosgummi zwei Schablonen für die Däumlinge schneiden, dabei die Schrumpfwahrscheinlichkeit von 20 bis 30 Prozent beachten. Die Wolle mit trockenen Händen in Flocken zupfen und bereitlegen. Es wird neagtiv gefilzt und beide Schablonen zu selben Zeit.

2 Auf der jeweiligen Oberseite zuerst mit sehr dünnen gedrehten Filzfasern das Gittermuster legen. Nun die Grundfarben dachziegelartig auflegen – sie sind bei diesen Handschuhen unterschiedlich. Nun mit der rohfarbenen Wolle zwei Schichten dachziegelartig darüberlegen.

3 Mit Seifenlauge befeuchten und die Oberfläche durch vorsichtiges Reiben anfilzen. Die zweite Seite der Schablone genauso arbeiten, nur ohne Muster, die überstehenden Ränder umlegen und anfilzen. Jetzt den Druck verstärken und durch festes Drücken oder Reiben auf dem Waschbrett den Filz walken.

4 Die Handschuhe auswaschen und in Essigwasser spülen. Zum Schluss, nach dem Trocknen, einen Strang roter Wolle um den Bund legen und mit der Filznadel anfilzen, indem in dichten Abständen in den Strang durch die Unterlage gestochen wird.

5 Den Rest des Stranges zu einer Schleife binden. Mit der Trockennadel können auch Muster und Ornamente aufgefilzt werden, wenn das Filzstück schon fertig ist. Besonders feine Linien, die beim Filzen und Walken sonst verrutschen, können mit der Nadel gut gearbeitet werden.

kleines Bild: süß, Fliegenpilz- oder Erdbeerschühchen

Erdbeerschühchen

MATERIAL

- **Wolle in Rohweiß und Rot, grüner Vorfilz**
- **Seifenlauge**
- **Moosgummi**
- **Kugelschreiber**
- **Schere, Nadel, Garn**

Zuerst die Schablone zuschneiden. Diese Schühchen sind reine Zierde und die Größe ist somit nicht maßgebend. Große Schuhe werden auf der nächsten Seite beschrieben.

Die Schablone ist ein langes Oval und wird von beiden Seiten umfilzt, wie in der Anleitung für die großen Schuhe beschrieben. Die kleinen Schühchen werden in der Hand kleingewalkt. Die Pünktchen nach dem Trocknen mit der Filznadel aufstechen und noch mal festfilzen. Die Blätter werden aus grünem Vorfilz geschnitten und festgenäht.

Filzschuhe in Groß

Minifäustlinge oder Däumlinge in zauberhaften Wechselfarben

MATERIAL

- **kardierte Wolle in den gewünschten Farben**
- **Seifenlauge**
- **Noppenfolie oder Moosgummi**
- **Kugelschreiber**
- **Schere**
- **Essigwasser**

Die Wolle in Flocken zupfen. Eine Schicht der inneren Farbe auf die Schablone (wie Erdbeerschühchen, nur größer: Schuhgröße plus rundum 3 cm) legen und drei weitere in der anderen Farbe, jeweils immer quer zur letzten.

Die Wolle anfeuchten und vorsichtig niederdrücken und anfilzen. Die andere Seite der Schablone genauso bearbeiten, die überstehenden Ränder umklappen und mitfilzen. Haben sich die Fasern gut verbunden und lösen sich beim Zupfen keine Fasern mehr, so kann die Schablone durch eine ovale Öffnung entnommen werden. Den Schuh klein walken und am Fuß in Passform bringen (s. Schuhanleitung Seite 38/39). Wenn die Schuhe fertig gewalkt sind, auswaschen, in Essigwasser ausspülen und trocknen lassen.

Filzschmuck

MATERIAL

- **kardierte Wolle in Pink, Grün, Rosa und Lila**
- **Seifenlauge**
- **Trockenfilznadel**
- **Essigwasser**

1 Die Wolle für die Filzringe mit noch trockenen Händen in Flocken zupfen und pro Ring einen langen Strang bereitlegen. Diesen langen Strang mehrfach locker um den Daumen legen, je nachdem, wie dick der Ring werden soll.

2 Die Enden werden als Knoten umeinandergeschlungen und bilden die Verdickung des Rings. Nun mit den kleinen Flocken wiederarbeiten. Je nach Farbvariante die Flocken um den Ring wickeln, dabei immer wieder mit der Seifenlauge befeuchten.

3 Den Ring am Daumen drehen und reiben, bis er anfängt zu schrumpfen. Nun an den gewünschten Finger setzten und in Passform filzen. Ein dickerer Strang quer um die Verdickung gewickelt, ergibt einen hohen Ring, die Flocken längs um den Ring gewickelt, einen breiten.

4 Für exakte Rundungen können auch Knöpfe oder große Perlen in den Ring eingefilzt werden. Wenn der Ring die gewünschte Form hat und sich keine Fasern bei der Zupfprobe mehr lösen, kann er ausgewaschen und in Essigwasser gespült werden.

kleines Bild: schicker Armreif in bunten Farben

Weitere Schmuckideen

In diesem Buch sind einige Schmuckideen versteckt, die man nicht auf den ersten Blick erkennt.

Der Knopfverschluss auf der Tasche (S.22/23) eignet sich hervorragend als Brosche. Mit einer Sicherheitsnadel versehen ist dieser Schmuck schnell gefertigt.

Die Serviettenringe (S. 28/29) sind auch wunderbar als Armreifen tragbar, einfach die Teile so lang arbeiten, dass sie ums Handgelenk passen, fertig.

Auch die Herzen (S. 26) sind ein schöner Schmuck, in Klein auf einen Ring gefilzt oder auf ein Armband gearbeitet sind sie sicher ein echter Blickfang.

Armband

Wunderbarer Zauberschmuck für alle Finger

MATERIAL

- **kardierte Wolle in Hellgrün, Pink und Rosa**
- **Seifenlauge**
- **Pappring von Klebestreifen**
- **Essigwasser**

Die Wolle für das Armband mit noch trockenen Händen zu Flocken und zu einem Strang zupfen. Den langen Strang um den Ring legen und mit Seifenlauge befeuchten. Nun die Flocken in den gewünschten Farben quer um den Ring wickeln. Immer wieder mit Seifenlauge „festkleben", bis der Ring bedeckt ist und die gewünschte Farbgestaltung erhalten hat. Durch vorsichtiges Reiben die Oberfläche anfilzen. Nach und nach den Druck verstärken, nicht so fest walken, dass der Filz zu eng für den Ring wird. Ist der Armreifen fertig, gut auswaschen und mit Essigwasser spülen.

Vöglein mit Rosenblättern

MATERIAL
- kardierte Wolle in Rohweiß, Schwarz, Grau, Hellgelb, Blau, Grün und Rot
- Seifenlauge
- Noppenfolie oder Moosgummi (s. S. 48)
- Kugelschreiber
- Schere
- pro Vogel zwei schwarze Perlen
- Nähfaden
- Nadel
- Rosenblätter
- Rosenöl
- Füllwolle
- Essigwasser

1 Zuerst mit noch trockenen Fingern die Wolle für die Vögelchen in Flocken gezupft bereitlegen. Nun die Schablone aus Noppenfolie oder Moosgummi zuschneiden. Sie entspricht der Seitenansicht der Vögel, die Schwanzform muss nicht beachtet werden, denn die wird zum Schluss zugeschnitten.

2 Nun die erste Schicht Wolle in Rohweiß dachziegelartig über die Schablone legen, die zweite Schicht quer dazu. Nun die Wolle anfeuchten, niederdrücken und leicht anfilzen. Die zweite Seite der Schablone ebenso gestalten, die Ränder umklappen und mit einfilzen.

3 Die Farbgebung der Vöglein dem Foto entnehmen oder der Fantasie freien Lauf lassen. Die Vöglein nun durch Reiben anfilzen, den Druck etwas verstärken und wenn sich keine Fasern mehr durch Zupfen lösen lassen, die Schablone entnehmen.

4 Dazu das Schwanzende aufschneiden. Die Vögel vorsichtig walken. Wenn sie fertig gewalkt sind, gut auswaschen und in Essigwasser spülen. Nach dem Trocknen die Schwanzfedern dem Foto entsprechend zurechtschneiden und formen.

5 Die Köpfe und einen Teil des Bauches mit der Füllwolle ausstopfen. Nun die Vöglein mit den getrockneten Rosenblättern, die zuvor noch mit Rosenöl beträufelt wurden, füllen. Die Augen von einer Seite des Kopfes zur anderen annähen.

Tipp Natürlich kann man die Vöglein auch mit getrocknetem Lavendel (guter Schutz gegen Motten) oder getrockneter Zitronenmelisse füllen. Zur Weihnachtszeit können auch getrocknete Mandarinenschalen, die mit Zitrusöl beträufelt wurden, eingefüllt werden.

Tannenzapfenvögel

MATERIAL
- kardierte Wolle in den gewünschten Farben
- Seifenlauge
- längliche Tannenzapfen
- schwarze Perlen
- Nähfaden in Schwarz
- lange Nadel

Die gewünschte Wolle mit noch trockenen Händen in Flocken zupfen und um den Tannenzapfen wickeln. Das gibt eine ungewöhnliche Struktur und eignet sich besonders für Kinder. Den Kopf durch mehrmaliges Umwickeln formen und die Schwanzfedern ungefilzt heraushängen lassen. Durch leichtes Reiben die Wolle anfilzen, dann den Druck verstärken. Die Wolle kann hier nicht gewalkt werden. Wenn sich von der Oberfläche keine Fasern mehr abzupfen lassen, den Vogel auswaschen und spülen. Die Perlenaugen aufnähen.

Duftkissen

Duftend-liebenswerte Bewohner von Kleiderschränken und Schubladen: Duftvögel

MATERIAL

- **kardierte Wolle in den gewünschten Farben**
- **Seifenlauge**
- **getrocknete Rosenblätter, Lavendel oder andere duftende Blüten**
- **Nähnadel**
- **Stopffaden in passender Farbe**
- **Essigwasser**

Das Duftkissen wird von der Grundtechnik gearbeitet wie das Kissen auf S. 20/21, nur in kleinerem Format. Auch die Herztäschchen von S. 26/27 eignen sich gut zum Füllen mit duftenden Blüten. Nach dem fertigen Filzen und Trocknen der Kissen die getrockneten Blüten einfüllen und die Nähte schließen.
Das Filzmaterial ist durchlässig für Düfte und weich und kuschelig, somit als Duftkissen jeder Art gut geeignet. Soll die Oberfläche noch weicher werden, zum Beispiel für Babys, so kann sie mit einer Stahlbürste aufgeraut werden.

Etwas größere Kissen können auch mit Kirschkernen gefüllt werden. Abends das Kissen für 20 Minuten in den Backofen bei 70 °C legen, dann heizen sich die Kirschkerne auf und das Filzkissen wird zur idealen Wärmflasche für die Nacht.

Schablonen und Grundanleitung

1 Auf die beiden Herzschablonen aus Moosgummi werden die ersten Schichten gelegt. Links wird positiv und rechts negativ gefilzt.

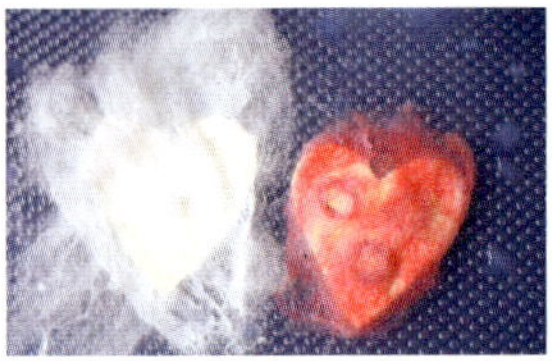

2 Links wird dachziegelartig eine zweite Schicht rohweiße Wolle, rechts wird die erste Schicht Schmuckfarbe gelegt.

3 Links und rechts werden weitere Schichten Wolle aufgelegt, dass alles gleichmäßig dachziegelartig und dicht belegt ist.

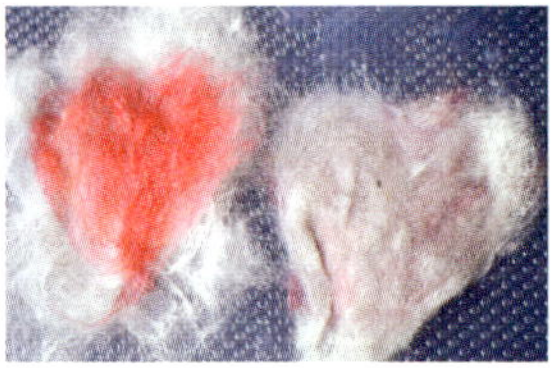

4 Nun kommt links die erste Schicht Schmuckfarbe und rechts die erste Schicht Grundfarbe darauf, insgesamt zweimal.

5 Nach jeweils einer weiteren Schicht werden die Ränder umgeklappt und die andere Seite entsprechend belegt. Die Ränder werden eingefilzt.

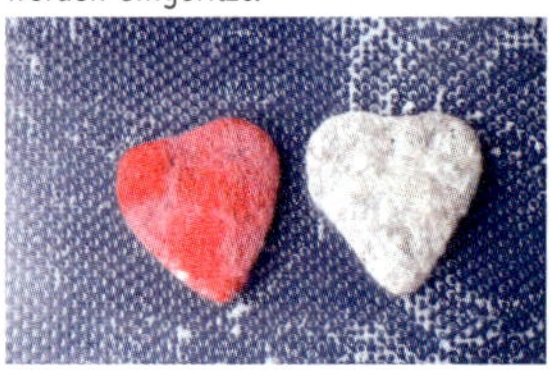

6 Nun wird vorsichtig mit der Lauge gerieben und gedrückt. Langsam beginnt der Filzprozess.

7 Aus dem Walken können die Filzstücke aufgeschnitten werden.

8 Die Schablonen werden entfernt, das negative Filzstück wird umgedreht und man sieht das Muster.

9 Jetzt können die Herzen noch gefüllt werden, entweder mit Wolle oder mit getrockneten Rosenblättern.

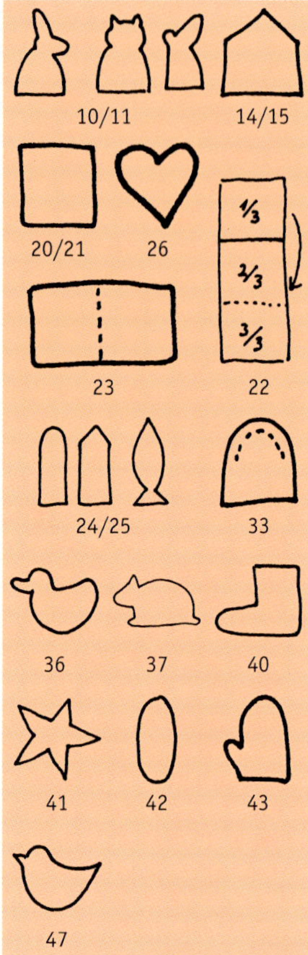

Umrisse für die Schablonen

Landwirtschaftsverlag GmbH, 48084 Münster

Fotos: Paxmann/Teutsch Buchprojekte, München
Innenlayout: Paxmann/Teutsch Buchprojekte, München
Titelgestaltung: KreaTec – Grafik, Konzeption und Datenmanagement im Landwirtschaftverlag GmbH, Münster
Druck: Westermann Druck Zwickau GmbH, ISBN 978-3-7843-5028-8

Wir danken Ute Nuber für die Bereitstellung der Filzwerkstücke auf den Seiten 18/19, 22/23, 32, 34, 38/39 sowie für die Spende von Material. Ute Nuber gibt in ihrer gleichnamigen Filzwerkstatt in 76703 Kraichtal-Jochsheim, Seestr. 3, Filzkurse für Anfänger und Fortgeschrittene.
Die übrigen Filzstücke sind von Annette Roeder, Marlies und Valentin Busch und Christine Paxmann entworfen und gefertigt worden.